© 2019, Bennekrouf, Ali
Edition : Books on Demand,
12/14 rond-Point des Champs-Elysées, 75008 Paris
Impression : BoD - Books on Demand, Norderstedt, Allemagne
ISBN : 9782322038183
Dépôt légal : mai 2019

Ce livre n'est ni scientifique, ni religieux, ni politique, ni Batata ni walou; c'est juste un livre peu commun !

J'AI LU QUELQUE PART...QUE
le plus grand voyageur n'est pas celui qui fait 2 fois le tour du monde, mais celui qui a fait 1 fois le tour de lui-même.

je tiens à remercier moi-même pour tous ces efforts fournis pour finir ce chef-d'œuvre; Je suis tellement fier de moi et de mes compétences liées à l'écriture . j'avoue que j'ai une belle plume . J'ai un don pour cela, et les jaloux vont maigrir .

je tien à remercier mon PC aussi, il a bien tenu le coup, j'avais peur qu'il m'explose à la gueule !

Des nuits blanches .. des cafés noirs .. des yeux rouges .. des idées neutres .. des moments de solitude .. des pétages de plombs .. et j'en passe des vertes et des pas mûres … … .. . . .

_*_*_*_*_*_*_*_*_*_*_*_

NB : Ne sois pas choqué(e) par ces propos abjects, Normal … c'est mon livre et je fais ce que je veux !

POURQUOI DIT-ON "ALLÔ" EN DÉCROCHANT LE TÉLÉPHONE ?

Pour Comprendre Pourquoi on dit "Allô", Remontons à l'invention du Téléphone. Il a été inventé «Officiellement» par "Graham Bell". Je dis "Officiellement", Car il y en a d'autres qui étaient Sur Le Coup, Entre Autres, "Thomas Edison". Il se pourrait Même Que "Graham Bell" Lui ait volé l'idée pour la déposer en son Nom.

Mais bref, c'est pas le sujet. Ce qui est sur, c'est que ça a été déposé et démocratisé dans les pays anglo-saxons. Et quand les gens décrochaient le téléphone. il leur semblait naturel de dire "BONJOUR", donc "HELLO".
Du coup, quand le téléphone est arrivé en France, l'usage était de dire "HELLO". Sauf que les français n'étaient (déjà) pas vraiment forts en anglais. Donc le "HELLO" s'est transformé en "ALLO". Et encore on peut s'estimer heureux car au départ "Graham Bell" voulait qu'en décrochant, les gens disent "AHOY", un terme de marine pour dire "Bonjour". On pourrait le traduire par "OHÈ".
Et d'ailleurs même si le terme "ALLÔ" est utilisé dans beaucoup de Langues, il n'est pas universel.

Par exemple, au Japon on dit "MOSHI MOSHI"
En Italie : "PRONTO", ou encore en Inde : "NAMASKAR"

LA BLAGUE

C'est un clochard qui pose son vieux vélo contre l'Elysée.

Aussitôt un policier surgit :
- Mais monsieur, vous ne pouvez pas laisser votre vélo ici !
- Et pourquoi ?
- Mais parce que le Président passe ici, les ministres, les députés et les sénateurs !
- Ah bon, dit le clochard... Merci de me prévenir ; je vais mettre un cadenas !

NE PORTES PAS LE FARDEAU DE LA VIE

Ton ami ne pourra jamais t'aider à résoudre tous tes problèmes.

Ton conjoint, ne pourra pas non plus te comprendre et t'accompagner dans tes peines et souffrances à 100% (normal ! Il ne sera jamais à ta place)

Et c'est pour cela que tu dois faire attention à toi, et prendre ta vie en main. Ne pas la confiée aux autres. Ne jamais compter sur personne.

Protège toi, par tes propres moyens, profites de la vie; et ne donne d'importance aux choses de la vie, que ce qu'elle méritent ! Et pas plus.

Le changement c'est toi. Le bonheur c'est toi . La solution c'est toi. Et non les autres .

Tu es né seul, tu mourras seul, tu es un être unique et t'en a qu'une vie. Vis la, non pour faire plaisir aux gens, mais vis la comme bon te semble (tu es le seul responsable de tes choix, de tes actes).

Ne cherche ni le succès ni la gloire auprès des gens. T'en a pas besoin De ça . Vis seulement avec une conscience tranquille. Et tu goûtera à la vraie liberté. La paix intérieure. (Pas besoin de gens pour ça ...) .

Ne portes ni le fardeau de l'avenir, ni celui de la subsistance. (Ce n'est pas ton rôle) ... Y a un bon dieu pour ces choses la

Juste comporte toi avec les gens, comme t'aimerai qu'on le fasse pour toi ou pour tes proches. Ne te plains pas auprès des gens. Et n'oublies pas : comme tu fais on te fera.

Souris !.. tu es Beau .. en bonne santé, tu manges à ta faim et tu vis en sécurité   ^_*

Mon fils s'est inventé un petit frère. Il s'appelle Pamoi. Apparemment, c'est lui qui fait toutes les bêtises !

L	N	D
U		I
o	é	é
u	n	n
s	f	p	u
g	a	r	t
a	s	i	i
n	t	m	l
t	e	a	e
		n	
		t	

POURQUOI DIT-ON UN "BUG" INFORMATIQUE ?

C'est un mot anglais qui veut dire "INSECTE" : mais alors pourquoi parle-t-on d'insecte quand nos ordinateurs plantent ?

Tout simplement parce qu'au départ les premiers bugs étaient réellement provoqués par les insectes. Dans les années 1940, les ordinateurs n'étaient pas aussi petits qu'aujourd'hui, ils occupaient une pièce entière ! il y avait des fils et des ampoules de partout !

Ce qui créait de la chaleur et attirait les insectes de tout bord ! CAFARDS, PUNAISES, MOUCHES... Et, si en se baladant, les insectes touchaient deux fils en même temps, ils créaient un court-circuit.

Depuis, nous n'avons plus de cafards dans nos ordinateurs, mais l'expression, elle, est restée !

Poupée de chiffon .. poupée de charme.

Parfois enfant .. parfois femme

Parfois douce .. parfois en flamme.

De toute façon tu es comme ça

Ça ne changera pas, et j'aime ça.

Curieuse, imposante et capricieuse

Chiante, maline et vicieuse.

Son Charme est dans ses yeux et ses lèvres, dans Ses paroles et ses airs.

Elle s'appelle "ELLE", je l'a supporte et elle le sait.

J'invente rien. C'est mon histoire, je sais. C'est insensé.
Qu'est ce que tu veux faire ?!

Je dirai oui, si c'était à refaire.

Mohim ! .. Moi c'est Ali. Ali Ben

Et je n'écris que pour "Me", pour le "Fun"

Il est. .. tôt. . Très tôt, vous dormez sûrement encore, Moi je ne me suis pas encore couché .

C'est l'aube et le jour va pas tarder à se lever. J'aime bien ce moment ... Un calme inhabituel ... Pas un chat à l'horizon.

J'ai de plus en plus du mal à dormir ces jours-ci. (Ne me demandez pas pourquoi, je ne le sais pas) ...dieu merci, je ne prend aucun médoc, et je ne touche pas à la drogue . mais j'ai plus de caféine dans mes veines que les globules rouges ...

Je pense à pleins de choses, et j'essaie de penser en silence pour ne pas éveiller mes nerfs et tout le reste. Je regarde autour de moi, rien n'a changé depuis bien longtemps. Rien ne change d'ailleurs. RIEN NE CHANGERA .

Je n'arrive plus à me concentré sur les petits détails ces derniers temps., et tout devient soudainement banal pour moi . >> ça à un nom je crois ? !...heu .. heu .. Ah oué ! ! .. LA ROUTINE .

Je suis en parfaite santé sinon, Mais il me manque quelque chose. Je le sens, Je le sais, J'ai envie de quelque chose . Oui ..ok..D'accord ! Mais c'est quoi ?! .. Hein Ali ? ! Vas y .. dis-le moi .. C'est quoi ? !

>>> J'ai juste envie de ...de...de voir autre chose, entendre autre chose, parler d'autre chose. voilà ! c'est ça ... parler d'autre chose <<<

Allez .. parlons d'autre chose !!!

Au Fait ?! Si je vous donne l'impression que je suis une grande gueule, ben détrompez-vous. Car je ne parle que très peu, solitaire et timide comme je suis !! mais mon dieu ce que j'écris beaucoup. Et si J'écris Autant, c'est parce que, moi Ali le jeune Tlemcenien de 33 ans, j'ai que le stylo comme moyen de chroniquer, de m'évader, de gueuler, de critiquer, et surtout de dire tout haut ce que les autres pensent tout bas.

Voilà donc la raison pour laquelle j'achète des stylos et des feuilles .

Tu vois, quand t'arrive à un stade dans ta "life" et tu te dis : mince ... Je n'ai vraiment aucun projet de vie, aucune ambition, pas de sous en poche, le travail (ha ha ha...Je plaisante) .. Oui. . Oui le travail et le mariage (Ce beau mirage lointain dans un désert couvert d'un beau sable doré) ... UN GROS MENSONGE

Aimer une fille ?! .. MDR. . tu es sérieux ? Qui veut De toi camarade. (Assis-toi, bois un café et parle moi de ciel et des oiseaux)

Pourquoi j'écris ? ... parce que le stylo est cette magnifique jeune fille que j'ai toujours voulu avoir, le stylo c'est ce travail que j'ai toujours voulu exercer, le stylo c'est cette création personnelle d'une vie qu'on aura peut être jamais.

Inventer des personnages. Donner vie à son imagination. Créer un monde parfait (ou presque); dont la seule limite est celle des marges et des fins de pages.

Écrire ... C'est comme boire et manger. Et c'est à la fois : un besoin, un don et aussi une façon d'exister.

Enfin ... Bref !! Je dis ça, je dis rien. Et j'aurai très bien pu ne rien dire. Mais bon, que voulez-vous ? ... Vous m'avez un peu poussé à bout aussi. Hein ?

Allez. .. SOURIEZ. . Vous êtes Jeunes, vous êtes beaux (pour certains) LOL et si ce n'est pas le cas, dites vous que ce n'est pas grave. Y a pire dans la vie.

chronique d'un jeune assis sur une chaise cassée, au café du coin, Avec beaucoup d'autres des comme lui.

POURQUOI LES PIRATES PORTENT-ILS UN CACHE-OEIL ?

Ce n'est pas pour le swag ou pour paraître plus méchants. Leurs sabres et leurs canons remplissaient très bien cette dernière fonction. Ce n'est pas non plus pour palier le désagrément de la tête qui tourne après une sale cuite au rhum.

NON. En fait ce bandeau permettait a l'un de leurs yeux de s'habituer à l'obscurité pour mieux parer aux attaques dans les cales sombres des bateaux. Ils étaient ainsi beaucoup plus réactifs. En passant de la lumière à l'obscurité, ils n'avaient qu'a changer de coté leur cache-oeil pour s'adapter plus vite au changement de luminosité.

Et comme les pirates, avant d'être des combattants avertis, étaient surtout des navigateurs, leur œil caché était également plus efficace la nuit quand il le découvrait.

Une astuce assez pratique pour y voir aussi bien dans la lumière que dans le noir. Surtout qu'a l'époque, les projecteurs n'existaient pas .

Dans toutes les organisations, Entreprises et sociétés y a un chef qui émerge. Il fait du bruit, il s'agite, il fait ou prends des décisions. Hé ça c'est un chef . Mais avec le temps, le chef peut apparaître incompétent. Il est bon alors d'analyser, lorsque un nouveau chef débarque, les éléments qui font qu'il est bon, ou pas.

Il y a deux types de chef, voire trois :

▶ Le premier est discret, il se dit : De toute façons, c'est moi le chef, je fais comme je veux, et ça fonctionne plus ou moins bien, ce chef est chef de lui même, avec ou sans ses agents. Ce chef se dit (c'est moi tout) dans son for intérieur

▶ Le second est bruyant, il crie à tue tête que le chef c'est lui, les agents l'écoutent comme les moutons écoutent le chien du troupeau. Et ça marche tant que les moutons ne s'aperçoivent pas que le chien obéi au berger. Ce chef se dit (Boss) auprès de son entourage

▶ Le troisième est discret mais à la différence du premier il communique. Il a des compétences que d'autres apprécient de voir en lui. Il émerge du lot par sa vision et pas ses actes. Et ça marche pour autant que les décisions que ce chef là prends concerne les gens qui l'apprécient. Ce chef ne se dit pas chef, mais les gens disent de lui que c'est lui le chef. Ou en tout cas c'est lui que eux suivent car il les guide comme un chef.

Regardez autour de vous et distinguez le chef qui s'agite comme tel et le chef que vous reconnaissez comme tel. Souvent, ce n'est pas la même personne, et celui qui se dit chef (moi, je ..., moi je, moi je...), n'est pas le bon.

Assis en salle d'embarquement
Çà fait deux heures que je fais semblant
De lire un bouquin, je suis incapable
De vous dire même de quoi ça parle.

La fille assise en face de moi
Prend un air détaché, je crois.
Peut être même qu'elle prend le même avion que moi.
Peut être même qu'elle va dans la même ville que moi.

La fille de l'aéroport…Cette fille, j'y pense encore.

Attention voilà qu'on appelle un avion, peut être le sien.
Pourvu qu'elle se lève pas, je ferme les yeux, je dis plus rien.

1, 2, 3, 4, 5, 6, 7, 8, 9, 10, j'ouvre les yeux.
Elle n'a pas bougé, voilà qu'elle me fixe, c'est tout bleu.

Qu'est-ce que je peux faire bon dieu pour me donner une contenance?
Tiens, si j' prenais un stylo pour écrire tout ce que je pense?
J'aurais l'air d'un poète et peut être qu'elle aimerait ça
Et même si c'est nul je m'en fous, elle le lira pas!

La fille de l'aéroport … Cette fille, j'y pense encore.

Y a des phrases dans la vie que l'on n'oublie jamais.
Pour moi ce sera "le vol pour Oran, Porte B".
Elle s'est levée avec son sac rose sur l'épaule.
Et a regardé tout autour d'elle dans le hall.

Elle m'aurait pas souri je crois que j' m'en serais sorti,

En plus le genre de petit sourire qui te dit "c'est la vie!"
Quand elle a disparu derrière le grand panneau bleu,
Il ne me restait plus que le souvenir de ses yeux.

La fille de l'aéroport … Cette fille, j'y pense encore.

Il faut quand même que j' vous raconte la fin de mon histoire.
Elle avait disparu, elle se promenait dans ma mémoire.
Quand l'hôtesse m'a demandé ma carte d'embarquement,
Moi, sans réfléchir, je l'ai tendu machinalement.

C'est une fois dans l'avion, pensant toujours au sac rose,
Que je m' suis aperçu qu'elle était la, au siège B11.

Au nom de mon tel, mon pc, ma tablette et de ma console chérie, je vous dis bien le bonjour à vous chers esclaves .

Oui ... oui ! Vous m'avez bien entendu et vous avez bien lu le mot *ESCLAVE*.
J'en suis un aussi, donc pas de panique *POUR L'INSTANT.*

Aujourd'hui je viens vous parler (oué oué je parle trop, je sais) de ce virus qui nous a tous infecté malheureusement (sauf peut être mes parents, qui ne savent pas encore ce que c'est la wifi) ... mais par-contre mes 2 neveux de 3 ans, maîtrisent parfaitement le sujet (Drôle de génération n'est ce pas ?)

Bon maintenant (si vous voulez bien chers ESCLAVES de la technologie) je vais vous dire pourquoi je viens vous raconter tout ça, même si je ne suis pas du tout payer à le faire, et que je le fais juste pour vous emmerdé (le kiffe quoi) .

Bref ! .. Nous sommes tous esclaves de nos smartphones, et ceci est une bien triste réalité. Et le pire dans tout ça, c'est qu'on sait fait avoir par cette maudite époque. (Si tu veux être à la page, faut que tu sois connecté)

D'un coté c'est une bonne chose, dans le sens ou c'est fini le temps de : (je ne sais pas, je ne connais pas et je ne suis pas au courant) ... mais d'un coté cette connexion permanente qui fait que nos yeux sont rêvés 24/24 sur nos écrans. Ça tue nos valeurs humaines et ça nous rend stupides, accros, pervers, stressés, absents, déprimés et *AILLEURS* surtout

Essayez de passer une demi journée sans vos tel, ... hein ? Alors ? .. Juste le faite d'y penser ça fou les jetons deja. Nous sommes des esclaves ou je me trompe ? Hein ?!!

Tout va trop vite, super vite même. Regardez... Les relations et les couples (par exemple) sur les réseaux sociaux . Top chrono (en 7 jours, il pourrait y avoir une rencontre, un amour FAST-LOVE, une dispute et une séparation) ... INCROYABLE n'est ce pas ?

Ya hasrah ... La valeur de l'amour est parti avec nos parents et grands parents . Place au service express . (MAUDITE ÉPOQUE .. MAUDITE TECHNOLOGIE) .

》 sourirez .. Vous êtes connectés 《

>> BREF .. Je vais vous laisser maintenant, mon tel n'arrête pas de sonner, je dois charger la batterie de mon pc ... Et je viens de constater que je n'ai pas synchroniser ma tablette.

PS : j'ai que 20 min de wifi gratuite la ou je suis ... Et donc voilà voilà quoi . ESCLAVEZ VOUS BIEN ... MAIS PAS TROP .

▶ *Astuces Voyage* ◀

> Mettez une feuille A4 à l'intérieur de votre valise, indiquant vos : Nom + Adresse et Num tel (au cas de perte ou de non réception de bagage).

> Pour ne pas ressentir les secousses de l'avion, sachez que les sièges situés au niveau des ailes sont les plus stables.

> les places les plus spacieuses dans un avion, sont celles situées au niveau des issues de secours (elles sont réservées aux adultes en bonne forme physique)

> Pour ne pas subir le bruit des réacteurs, choisissez une place en tête de l'avion.

▶ *LA QUESTION À 1 MILLION $* ◀

>> Quelle est la nationalité d'un bébé né dans un avion ?!
>> Réponse : Un bébé né dans les airs, qui a au moins un parent français (exemple) sera ainsi français. [il prendra donc la nationalité de l'un de ses parents]

▶ *bOn à SaVoiR* ◀

▶ Le 15 Mars 1930, Ellen Church, 25 ans, 52 kg, 1,58 m, est la première hôtesse de .l'air (avec un diplôme d'infirmière). Elle fait son premier vol Oakland-Chicago avec la compagnie Américaine United Airlines, en uniforme d'infirmière. 1946, air France a fait de même (recruté des «Skygirls» avec une formation d'infirmière)

>>> 1950 le métier d'hôtesse de l'air vient officiellement de naître, la tenue et le diplôme d'infirmière ne sont donc plus obligatoires .

▶ Stewar**D** = le masculin d'hôtesse de l'air
Stewar**T** = une ville en Colombie, une rivière au canada, un prix automobile, ….

▶ DEPU = Un passager reconduit à la frontière ou expulsé par la PAF jusqu'à la porte de l'avion.

▶ Tu es passionné, admirateur et collectionneur de tout ce qui concerne l'aviation ? .. tu es donc un AvGeek.

▶ Moyen-courrier = 5 heures et moins.
Long-courrier = 5 heures et plus.

▶ PNT = (Personnel Navigant Technique) : Commandant de Bord + Le copilote.
PNC = (Personnel Navigant Commercial) : Chef Cabine + hôtesses + stewards.

▶ Avec 18 décès en 2017, United Airlines est la compagnie qui a constaté le plus de décès d'animaux en vol.

\>> Les traces blanches que l'on voit derrière un avion en vol, sont tout simplement des cristaux de glace microscopiques créés par la condensation de la vapeur d'eau produite lors de la combustion du kérosène.

▶ Tu savais-toi ?! Que Roland Garros était un aviateur français, lieutenant pilote lors de la 1ere guerre mondiale, mort dans un combat aérien en 1918 ?

▶ Que deviennent les bagages oubliés dans les aéroports ? .. les bagages sont conservés en général entre 3 semaines à 3 mois, avant d'être triées et vendues aux enchères auprès des associations caritatives.

▶ Le pilote et le copilote, ont tous les 2 suivi strictement la même formation, ont les mêmes qualifications et les mêmes compétences et font le même travail. [Un commandant de bord est un ex copilote]

▶ Avis aux passagers superstitieux, soyez tranquilles, le rang 13, n'existe pas dans les avions.

▶ Les mystérieuses boites noires sont oranges et non noires , elles sont ainsi plus facilement repérables sur les lieux de sinistre .

▶ Une turbulence, c'est tout simplement une masse d'air chaud qui affronte une masse d'air froid, c'est ce qui forme le trou d'air .

▶ Idées reçues : Non Non et non !! les avions ne risquent rien avec la foudre, le fuselage métallique de l'avion fonctionne comme une cage de faraday.

▶ Question : pourquoi on monte toujours à gauche dans un avion ?
>> Réponse : D'après les historiens, Cette habitude vient des chevaliers du moyen âge, qui enfourchaient leur cheval par l'étrier gauche afin de ne pas blesser leur monture avec leur épée.

▶ Le Saviez-vous ?! … La luminosité en cabine est réduite lors de décollage et atterrissage de nuit, afin d'habituer les yeux à la lumière extérieure en cas d'évacuation.

▶ Un verre d'alcool au sol, équivaut à deux en vol et il fait beaucoup plus d'effet.

Un enfant demande un gâteau à un steward, qui lui demande une formule de politesse, l'enfant répond : euh ! merci monsieur l'hôtesse de l'air.

Et si je vous racontait la véritable histoire de la famille «Thèse» ?! : ... ;

On raconte que "Les parents Thèses" ont eux sept enfants : Exclamation - Interrogation - Point - les triplés Suspensions, et enfin ! Virgule (la dernière née)

\>> Virgule ! de par son statut chouchoute de la famille, elle est toujours de bonne humeur.
_ Exclamation ! est une petite fille, Qui s'étonne de tout. (un peu comme une schizophrène) !!!
_ La sœur Interrogation ! Quand à elle, souffre de l'Alzheimer, curieuse de nature, et un peu blonde aussi, Pose sans arrêt des questions.
_ Point ! est un petit garçon discret. (on n'y reviendra plus tard)
_ Quant aux triplés Suspensions, se sont tout simplement les éléments troubles de la famille et les déclencheurs des catastrophes...

Commençant par la sœur aînée, ►EXCLAMATION !◄
Ça alors, c'est incroyable !!!
Tu fais preuve d'un talent admirable! ...Et bien, moi, sans hésitation, Je suis le point d'exclamation !
J'assène les propos vifs et les interjections, j'ai toujours d'alertes réactions. Bruyant soit ! Je ne suis pas atone !...Je ponctue les volées de mots qui résonnent !
Je ris. Je crie. Je claque. J'interpelle !...Je tempête, je harcèle, je martèle ! Pif ! Paf ! Crac ! Boum ! Ha ! Ha !
Je suis l'ennemi des propos modérés ; et je ris aux éclats, n'en soyez point outrés.

►INTERROGATION ?◄

Hein? Quoi ? C'est à mon tour ? Ne puis-je seulement faire demi-tour ? Qui suis-je ici ? Qui dois-je interpréter ? Quel est mon rôle et mon identité ? S'il vous plaît, ai-je mon nom ? Hein ? Quoi ? Vous dites ? Pardon ? Si grande est ma confusion... Peut-être suis-je Question ? Non??? Comment ? Pourquoi ? .. Je vous en prie, dites-moi quoi ? Dans le chaos de mes émotions; Ma mémoire est un point d'interrogation !

►POINT•◄

Stop ici. L'on ne va pas plus loin. On va fermer la phrase dont je suis le point. Je suis la limite de passage des mots. La virgule les ordonne, moi je coupe quand il faut. J'empêche les cohues, les manifestations. Je coupe à la limite de la compréhension. Je suis la sentinelle qui retient le désordre. Et la voix baisse d'un ton avant qu'on m'aborde.
D'ailleurs, juste après moi, arrive un mot gradé. Important Chef de Phrase, d'une Majuscule orné. Il peut mener la suite au gré de son idée. Il a même permission de changer de sujet. Dans ce cas-là d'ailleurs, je suis POINT A LA LIGNE . Mais quel que soit mon nom, je suis incorruptible.

►...DRÔLE DE POINTS...◄

Comment une si petite chose, Peut-elle prendre tant d'importance ? De quel droit se permet-elle ?! De venir clore mon discours ? Et comme si un point était insuffisant, Il va jusqu'à se dédoubler, Pour me laisser soi-disant Le droit de m'expliquer ! ... Avant de me couper le sifflet, Il pousse même le vice De me laisser en suspension Sur trois de ses complices...
Mais, il ne m'impressionne pas . Car ne croyez pas qu'un vulgaire petit point Puisse entraver le flot de mes pensées. Mais, me direz-vous: « Il faut bien un début et une fin! »

Je ne suis pas de cet avis, Car la vie n'est qu'une succession de débuts; Il n'y a pas de véritable fin, Et quand bien même viendrait-elle, Seul Dieu, grand maître de la ponctuation, Aurait le pouvoir de mettre le point final.

▶VIRGULE,◀

Enfermée dans une bulle, par un auteur indigne, essayait de rattraper un point à la ligne qui s'était échappé.
Elle escalada une majuscule, descendit un point d'exclamation, retomba sur un tréma, rebondit sur un point d'interrogation, trébucha sur une cédille, se raccrocha à un point de suspension, et plutôt mal à l'aise, s'arrêta entre deux parenthèses.
Le point, qui ne bougeait point, prit un accent grave et dit à un tiret : «Avant que je ne t'apostrophe, ouvre les guillemets, sinon jamais, cette brave virgule minuscule qui déambule de-ci, de là ne me rattrapera » !
L'accent circonflexe, sans complexes, déclara avec un accent aigu, qu'ils étaient déjà trop à l'étroit, et qu'un de plus … Ce à quoi le point répondit que puisqu'il en était ainsi, il ferait le trait d'union, et prendrait la vagabonde sous son toit. Ce qu'il fit, ma foi, de bon cœur et maintenant, que vais-je faire de ce point virgule, dit l'auteur ?!

▶POINT VIRGULE ;◀

Un moment s'il vous plaît ! Je suis le point-virgule ; Physiquement moins gracieux que ma cousine Virgule, Et moins léger aussi, mais elle est minuscule; Aussi mes interventions dans les phrases Sont-elles plus pesantes, ont-elles plus d'emphase ; Mais nous nous ressemblons Virgule et moi, D'ailleurs elle est ma cousine, rien d'étonnant à cela !
  Nous respectons les mots et ne les jugeons pas ; Nous respectons leur sens et ne le changeons pas ; Nous nous

contentons de modérer leur débit ; Nous ne leur demandons qu'un très léger petit répit, Pour leur laisser poursuivre ensuite la même idée, Qui courait mot à mot lorsque nous sommes entrés. On m'appelle aussi intermède ; Puisque je laisse reprendre l'idée qui me précède.

Un jour Kiki la cocotte demande à Coco le concasseur de cacao de lui offrir un caraco kaki avec un col de caracul. Coco le concasseur de cacao voulu bien offrir à Kiki la cocotte le caraco kaki mais sans col de caracul. Or vint un coquin qui conquit le cœur de Kiki la cocotte. Il offrit à Kiki la cocotte le caraco kaki avec le col de caracul !

conclusion : Coco le concasseur de cacao fut cocu

Doucement .. doucement dans la religion. Tout doux. En douceur. Petit à petit. Pas à pas .

La douceur est dans toutes choses, et dans la pratique et dans le comportement . Va doucement avec les gens, avec ta famille et tes collègues au boulot.

La sérénité et la sagesse. Voilà comment notre Deen nous éduque à travers les versets et les hadiths .

La religion ce n'est pas : la barbe, une tâche sur le front, un siwak et agresser tout ce qui bouge avec : halal ... Haram. . Bid3a .. l'enfer et j'en passe.

En douceur, tranquillement !! Essaie juste d'avoir un bon comportement avec tout le monde (sans exception), parles bien, baisse le ton de ta voix, souris!! Et Wallahi c'est la meilleure des da3wa .

La douceur, est dans la pratique aussi, n'essaye pas d'en faire trop (l'exagération) .. trop prier, trop jeûner, trop lire ... !! Un juste milieu, pour ne pas se lasser vite . Pour ne pas tout laisser tomber du jour au lendemain.

VAUT MIEUX FAIRE PEU, LONGTEMPS ! QUE BEAUCOUP, JUSTE POUR UN CERTAIN TEMPS.

L'islam est un Deen de douceur et de facilité. Allah est doux et aime la douceur et les gens doux

Paraît que le pouvoir s'achète,
liberté, c'est tout c'qui nous reste
Si le scénario se répète,
on sera acteurs de la paix

***

Si faux, vos discours sont si faux
Ouais, si faux, qu'on a fini par s'y faire
Mais c'est fini, le verre est plein
En bas, ils crient, entends-tu leurs voix ?

***

La voix d'ces familles pleines de chagrin
La voix qui prie pour un meilleur destin
Excuse-moi d'exister, excuse mes sentiments

Et si j'dis que j'suis heureux avec toi,... je mens
Rends-moi ma liberté, ... je te l'demande
gentiment

***

La liberté, la liberté, la liberté
C'est d'abord dans nos cœurs
La liberté, la liberté, la liberté
Nous, ça nous fait pas peur

***

Ils ont cru qu'on était morts,
ils ont dit "bon débarras"
Ils ont cru qu'on avait peur de ce passé tout noir

Il n'y a plus personne, ...que des photos, des mensonges
Que des pensées qui nous rongent,

***

J'écris ça un soir pour un nouveau matin
Oui, j'écris pour y croire, l'avenir est incertain
Oui, j'écris car nous sommes, main dans la main
Moi, j'écris car nous sommes la génération dorée

***

Libérez ceux qui sont otages,

nous, c'est tout c'qu'on a
On a que la liberta

Ceci est notre message,
notre ultima verba

[Par Soolking & ouled El-bahja]

Deux personnages sont là avec des pancartes sur lesquelles rien n'est encore écrit. Un troisième personnage arrive.

Trois – Excusez-moi, le départ de la manif, c'est bien ici ?

Un – Oui, oui, c'est là.

Trois – Bon…

Deux – On part d'ici, et on va jusqu'à… Jusqu'où on va au juste ?

Un – Alors je crois que cette fois, c'est… Écoute, je ne sais pas exactement, en fait. Mais on verra bien, non ?

Deux – Après tout, il suffit suivre les autres.

Trois – Ah très bien…

Un – Vous venez manifester avec nous ?

Trois – Oui, c'est à dire que… J'espère que je ne me suis pas trompé de manif.

Deux – Il y a une autre manif aujourd'hui ?

Trois – Ah, je pensais que vous le saviez. Il y a une contre-manif.

Un – Une contre-manif ? Tu savais qu'il y avait une contre-manif, toi ?

Deux – Non… Ouh la… Ça risque d'être chaud, alors… Si le parcours de la contre-manif croise celui de la manif.

Un – Tu crois qu'on pourrait se croiser ?

Deux – Je ne sais pas… Ils passent par où ?

Trois – Je ne sais pas.

Un – Comme nous on ne sait pas par où on va passer, de toutes façons…

Deux – Oui, remarque, ce n'est pas faux.

Un temps.

Un – Qu'est-ce tu as marqué sur ta pancarte toi ?

Deux – Je n'ai encore rien marqué. Je suis à court d'idées…

Ils réfléchissent.

Trois – Je pourrais peut-être vous aider ?

Un – Pourquoi pas ?

Ils réfléchissent tous les trois.

Trois – Excusez-moi de vous demander ça, mais je voudrais être sûr de ne pas me tromper… Vous manifestez pour quoi, vous, exactement ?

Deux – Pour quoi ? Vous voulez dire contre quoi ?

Trois – Ah, je ne sais pas, je… Je pensais que c'était les autres qui manifestaient contre…

Un – Les autres ?

Trois – La contre-manif…

Deux – Ah non, la contre-manif, eux, ils sont pour.

Trois – Pour ?

Un – Vous n'avez pas l'air d'avoir beaucoup l'habitude des manifs, vous, hein ?

Trois – Euh… Non, je dois avouer que c'est ma première manif.

Un – Bon alors on vous explique. Nous c'est la manif, on est contre.

Trois – Contre ? Contre quoi ?

Deux – Ça dépend des fois, évidemment. Mais on est contre en général.

Trois – Je vois…

Un – Les autres, eux, la contre-manif, ils sont contre le fait qu'on soit contre.

Trois – Je crois que cette fois j'ai compris… Je veux dire, en général… Mais cette fois, vous manifestez contre quoi, en particulier ?

Un – Contre quoi ? Contre quoi on manifeste aujourd'hui, ça ne me revient pas là tout de suite ?

Deux – Je ne sais pas… Je n'ai encore rien écrit sur ma pancarte… J'attendais de savoir quel était le mot d'ordre ?

Trois – Le mot d'ordre ? Je pensais que vous étiez contre l'ordre, justement. Je veux dire contre l'ordre établi.

Les deux autres échangent un regard.

Un – Vous êtes un malin, vous… Vous essayez de nous embrouiller, c'est ça ?

Deux – Vous ne seriez pas un flic en civil, par hasard ?

Trois – Un flic ?

Un – Un flic infiltré, quoi !

Deux – Vous êtes ici pour nous démoraliser, c'est ça ?

Trois – Ah non, mais pas du tout. Je ne suis pas de la police. Enfin, je n'ai rien contre la police. Mais je n'ai rien pour non plus.

Deux – Ok, ça va. Mais qu'est-ce que vous faites là, alors ?

Trois – Ben je vous dis… J'ai envie de m'impliquer davantage…

Un – Bon. Dans ce cas, vous êtes le bienvenu.

Trois – Merci… Mais j'aimerais quand même savoir pour quoi je vais manifester.

Deux – Mais puisqu'on vous dit qu'on a pas encore des idées ! Je veux dire décidé…

Trois – Ah oui, mais c'est embêtant, ça.

Un – On décide toujours au dernier moment, pour ne pas risquer d'être récupérés.

Trois – Et la contre-manif ?

Un – Visiblement, aujourd'hui, ils ont un peu d'avance sur nous…

Deux – Bon alors ? Vous êtes avec nous ou vous êtes contre nous ?

Trois – Je crois qu'il va falloir que je réfléchisse encore un peu… Je me suis peut-être emballé trop vite… Finalement, je me demande si je suis vraiment prêt à m'engager… Vous m'excusez ?

Il part.

Un – Il y en a, je te jure…

Deux – Quand on n'a pas la maturité politique.

Un – Tu es sûr que ce n'était pas un flic ?

Deux – Va savoir...

Un – Quand même, c'est bizarre.

Deux – Quoi ?

Un – On n'est que deux.

Deux – C'est vrai, tu as raison.

Un – Tu es sûr que c'est aujourd'hui, la manif ?

Deux – Je ne sais plus, maintenant. Ce type m'a complètement embrouillé.

Un – Comme on n'a pas de mot d'ordre.

Deux – Il y a peut-être eu un contre-ordre.

Un – Je propose qu'on revienne demain, non ?

Deux – Tu as raison. De toute façon, apparemment, la base n'était pas prête pour une manif de cette ampleur.

Un – Tu sais ce qu'on dit : il ne faut pas avoir raison trop tôt.

Deux – J'espère qu'on ne va pas croiser la contre-manif, quand même, on aurait l'air de quoi...

Un – On aurait de deux cons, oui.

Deux – Tu crois ?

Chaque seconde plus de 28 258 internautes regardent du Porno sur internet.

À travers cette petite chronique (plutôt osée, mais objective) je vais essayer de vous expliquer avec mes connaissances bien limitées, comment la Pornographie peut infectée négativement notre cerveau.

_ Premièrement le Porno va créer une distorsion de la réalité (vivre dans le virtuel) . Par nature, le cerveau va rapidement s'habituer à ce qu'il voit; et il va par la suite le considérer comme une norme. Ce même phénomène va se déclenché sur les sites Pornographiques de différentes façons .

>>> Pas de panique .. Je m'explique .. concentre toi avec moi et tu vas comprendre <<<

De nos jours la plus part des actrices Porno, ont les lèvres, les seins et les fesses refaits, donc des silhouettes qui sont impossible à obtenir naturellement. Leur visages est complètement transformé grâce aux maquillages et aux effets lumineux. Et donc Pas la moindre place au moindre défaut corporel de ces acteurs et actrices du charme.

Le Porno il a donc été créé et inventé exprès pour nous vendre du rêve et modeler une image mensongère de la vie réelle. Ils essayent à travers ces scènes Pornographiques de te mettre en tête un STANDARD dans la réalité, avec leurs scénarios, ambiances et positions qui ne sont possibles et réalisables que dans leurs studios et que la plus part des gens NORMAUX refuseraient de les pratiquer.

Y en a qui sont tellement habitués aux corps de rêve dans les Pornos, qu'ils ne sont même plus capables d'être excités en voyant une personne normale dans la rue ou même leurs propres conjoints.

le Porno agit comme une drogue, en sequitant massivement de la DOPAMINE dans le cerveau. Et comme n'importe quelle drogue, plus t'en prends et plus ton corps en demande plus, encore et encore (le piège à loup). La consommation du Porno va tout simplement commencé comme pour les fumeurs de cigarette. Au début on se contente d'une cigarette par jour, après 3, puis jour après jour et avec le temps et les années, le paquet ne finira pas la journée (et je reste encore raisonnable)

Avec le temps, ton addiction au Porno va être tellement démesurée et ingérable, que tu vas perdre le contrôle. Tu ne sera plus satisfait comme avant, et tu sera toujours à la recherche des nouvelles vidéos et images pour espérer une excitation encore plus forte et une satisfaction encore plus exigeante.

En général, les gens accros à la Pornographie, jamais vont avouer cette pratique, par peur, honte et autres.
La Pornographie, nuit à long terme sur ta vie privée et ta santé mentale.
La preuve : beaucoup de gens mariés ne délaissent pas cette pratique malgré qu'ils sont mariés. (Préférer le plaisir solitaire que son conjoint) ... [PERPLEX]

{ Réfléchis .. médite et réponds à toi même } :
- Tu regardes du Porno pourquoi ?
- Pose toi la question : ton obsession est-elle pour la masturbation ou bien la Pornographie ?
- Peux tu passer 1 mois sans aller sur ces sites ?
- Est ce que t'arrive à trouver de plaisir et l'excitation seulement en utilisant ton imagination (sans internet)
- Est ce que tu te sens obligé de te masturbé, juste parce que tu as vu une belle personne, une image ou une vidéo excitante ?
- Est ce que tu te sens concerné par ce que je viens de dire ?

Tonton toto, ton thé t'a t-il oté ta toux?

Un supermarché DZ c'est tout simple.

Tout d'abord et avant de commencer, il faut connaître la règle générale dans les hanouts de chez nous : les caissiers n'aiment pas les arabes . Ils sont très clairs la-dessus .

À la moindre contrariété, ces vendeurs ferment la caisse. Ça ne sert à rien de supplier. Le mieux, c'est encore de vous mettre à plusieurs et de chasser la personne qui l'a mis de mauvais humeur.

Erreur type, commise par beaucoup de débutants : - vous ne m'avez pas rendu la monnaie ! ! ... ou bien encore : le compte n'est pas bon !! ....

On sait tous que le vendeur ou celui qui tient la supérette ou la boutique, n'a jamais de monnaie . Les clients lui donnent des billets et il leur donne un ticket W khlass. La différence (la monnaie sensée être rendue) c'est pour lui; pour le dérangement. Après tout, s'il n'est pas la ! Tout le monde meurt de faim.

La file d'attente peut être très longue. La majorité des gens qui y sont ne savent pas pourquoi ils attendent. Il y a peut être une DISTRIBUTION . Il n y a peut être rien. Ils ne sont pas là pour juger mais pour attendre. Attendre quoi ? .. On ne le sait pas . Fais la queue et arrête de poser des questions. On verra bien ...

Les algériens savent attendre. Y en a qui sont des *PROFESSIONNELS* même. A force de faire la Chaîne pour tout et n'importe quoi . (Acheter du pain .. Du carburant .. mairie .. banque .. Bus .. Visa .....)

Puis, dans ce type de file (colle), la nervosité est encore plus palpable qu'ailleurs . Soyons clairs la dessus : il y a déjà eu des morts + des baisses de tensions + des évanouissements + des divorces + des ... Des .. des ...

BREF !! ... Revenez demain ! ... enfin .. SI DIEU LE VEUT

Le monde des collègues se divise en 3 catégories :
1) - ceux qui ramènent les croissants
2) - ceux qui ramènent la gastro
3) - ceux qui la ramènent un peu trop

■■■■■■■■■■■■■■■■■■■■■

Tu deviens adulte le jour où tu arrêtes de pleurer pour aller au lit, et que tu commences à pleurer pour en sortir le matin !

■■■■■■■■■■■■■■■■■■■■■

Un jour je rencontrerais la femme de ma vie et je serai vieux et moche.
.... >>> Bien fait pour sa gueule !

■■■■■■■■■■■■■■■■■■■■■

J'ai essayé de suivre un régime...mais il courait trop vite, le salopard !

■■■■■■■■■■■■■■■■■■■■■

C'est décidé, j'évite tout ce qui fait grossir : balance, miroir, photos, loupes .....

■■■■■■■■■■■■■■■■■■■■■

Tu comprends que tu as vieilli quand, tu perds tes dents et que la petite souris te laisse un devis au lieu d'une pièce.

Quand tu es entrée dans ma vie
J'aurais voulu faire demi-tour
Mais c'est pourtant vrai aujourd'hui
T'es ma plus belle histoire d'amour

Et tu es vraiment bien la seule
Que je suis sûr d'aimer toujours
Même quand tu me feras la gueule
Je te garderai mon amour

Tu f'ras la tête et la grogne
Tu boud'ras pendant huit jours
Tu me mentiras sans vergogne

Et moi, je t'aimerai toujours

Tu voudras partir loin de moi
Diras que je manque d'humour
Que je suis un vieux rabat-joie

Je te garderai mon amour

Tu parleras de tes conquêtes
Des hommes qui te feront la cour
Mais je consolerai tes défaites

Et puis, je t'aimerai toujours

T'auras des larmes et des chagrins
Et je viendrai à ton secours
Tu diras que je ne comprends rien

Et je te garderai mon amour

Tu n'oseras pas me parler
T'auras des ruses et des détours
Pour nous cacher les vérités

Mais moi, je t'aimerai toujours

Ma fille, bientôt tu auras 20 ans
Et tu croiras que je suis sourd
Mais tu verras avec le temps
On se reparlera d'amour

Je peux danser seul dans la rue. Personne ne fait attention...
Un jour, je dansais seul dans la rue. tout d'un coup j'entends crier : "Au feu !". Je me précipite, et puis je vois qu'il n'y avait pas le feu. Hein ?

Alors, comme celui qui avait crié "Au feu !" continuait de crier "Au feu !", moi j'ai crié : - "Au fou !" Hein ?

Alors le fou, - qui avait crié "Au feu !" -, quand il a entendu que je criais "Au fou !", il a mis le feu .... pour pas passer pour un fou.
Hein, hein? Hein ? Bon !

Alors, moi, quand j'ai vu que le fou avait mis le feu, j'ai crié "Au feu !" Hein ?
Et alors, c'est alors que le fou a éteint le feu. Alors, comme il n'y avait plus de feu, et que je continuait à crier "Au feu !" comme un fou, c'est moi qu'on a enfermé....

Alors, maintenant, quand j'entends crier "Au feu !"... je m'en fous !!!

miration, tu imagines ? J'étais devenu un fakir. Et qu'est-ce que j'ai pu en plumer des gars de la ville et des intelligents, par-dessus le marché ! Parce que les intelligents, c'est les plus faciles à arnaquer. Ils sont sûrs d'eux, alors ils ne font pas attention. Ils pensent que personne ne pourra les avoir. Et hop, dans le sac ! C'est leur assurance qui les perd. Les idiots, eux, c'est différent. Ils sont habitués à ce qu'on les prenne pour des cons depuis toujours, alors dès qu'ils ont affaire à un baratineur, ils font beaucoup plus attention. Ils décortiquent tous vos mouvements. Ils ne vous lâchent pas du regard. Ils ne laissent rien passer. Et du coup, paradoxalement, c'est beaucoup plus dur de les embrouiller. C'est Robert-Houdin qui disait ça. Un magicien français. Et il avait ... Enfin, bref, durant mon adolescence,

**L'amour entre le tabou, la honte et l'interdit .
j'ai 33 ans, je suis né en Algérie, mon prénom c'est Ali, et chez moi on ne parle pas de ça.**

salutations, après cette mini introduction pour la chronique du jour, je tiens à vous faire une petite confidence avant de commencer : (tout est vrai, je n'invente rien !!)

un jour j'ai demandé à ma mère, comment on fait les enfants ?! ...oué ok . déjà je vous arrête tout de suite si vous êtes déjà entrain de me juger, sur mon choix d'interlocuteur. vous comprenez tout de même que je ne pouvais pas demander ça à mon père . dans le sens ou je connaissais déjà sa réponse .

ma mère me jette donc un regard, semblable à celui de "Taissa Farmiga" (Sœur Irene) dans le film LA NONNE . et elle m'oriente vers le salon, pour que je pose plutôt la question à mon père, sous prétexte qu'elle ne savait pas trop comment répondre .

_mon père : (hein ? comment on fait quoi ? .. viens ici !! et pafff ... 2 gifles recto verso) .. merci mon papa adoré pour cette réponse BIEN COMPLETE .

donc je comprends par la suite, que chez nous, on entame pas ce genre de discussions, l'amour, le sexe, les sentiments et tout le reste ne font pas parti de notre modèle de fabrication. (pour l'anecdote, jusqu'à mes 12 ans, j'avais toujours cru que les bébés sortaient par le ventre) .. et arrêtez de me juger (j'y suis pour rien si j'étais mal informé) .

je ne suis pas entrain de blâmer mes parents de nous avoir éduqués de la sorte, car j'en fais parti d'une génération ou tout le monde pensait que l'amour était limite un acte illicite, religieusement et socialement parlant .

mon cher papa, je ne l'ai jamais .. jamais .. jamais (en tout cas pas à ma connaissance), entendu dire je t'aime à ma mère, mon père au jour d'aujourd'hui ne prononce pas le prénom de ma mère devant nous . elle est ou ? .. elle est parti ou ? .. appelle la ! ... demande lui si !! ... mais jamais de prénom.
et nous avec le temps, on comprenait qu'il voulait parler de ma mère (drôle de procédé n'est ce pas) .

chez moi si tu tombes amoureux, c'est que tu es une chèvre, t'es pas un bonhomme (lol) .. chez moi, un homme ne dit pas je t'aime. d'ailleurs, avec toutes ces années en observant mes parents, je suis arrivé à la conclusion suivante : mes parents ne se disent pas je t'aime, ils s'embrouillent.

bien sur, vous seriez d'accord avec moi, si je vous dis, qu'il faut un juste milieu à tout . l'amour en 2019, ce n'est pas le bon non plus (on se dit "je t'aime" au bout de 1h et on se quitte en fin de journée) .

Sinon !! ,,,l'amour est licite, le sexe aussi (consommé dans le licite), et dire je t'aime ce n'est pas une option mais une obligation (quand il est destiné à la bonne personne).

> Question : sommes-nous sincères dans nos relations ? .savons-nous aimer ? .. méritons-nous l'amour ? .. avons-nous le courage d'aimer et d'être aimé ?

et pour finir : quelqu'un qui n'a pas reçu d'amour, ne pourra pas donner de sien . (l'amour c'est bon, l'amour c'est bien, l'amour c'est beau)

> *chronique écrite dans le bus, en pensant à ma bien aimée, que je n'ose toujours pas aller lui parler* <

Un petit garçon dit à son père :
— Papa, s'il te plaît, donne-moi deux euros pour un pauvre monsieur qui crie dans la rue...

— Bien sûr, fait le père. Et qu'est-ce qu'il crie ce pauvre monsieur ?

— « Des Glaces ! Des Bonnes Glaces Deux Saveurs, deux euros ! »

Une mère se promène dans un parc avec son tout jeune fils et rencontre une de ses amies fort jolie.
— Jules dit la mère, donne un bisou à la dame.
— Non, maman !
— Enfin, Jules obéis !
— Non maman !

Jules recule d'un pas et est au bord des larmes.
— Mais pourquoi tu ne veux pas embrasser la dame ?
— Parce que papa a essayé hier et il a reçu une paire de gifles

Le matin de leur 20 ans de mariage, au moment où elle se réveille, une femme dit à son mari :

— Chéri, je viens de faire un rêve incroyable. Je rêvais que tu m'offrais un collier de perles pour notre anniversaire de mariage. A ton avis, qu'est-ce que ça peut vouloir dire ?

— Tu le sauras ce soir..., répond le mari avec un petit sourire.

Ce soir là, l'homme rentre du travail, un bouquet de rose à la main droite et un petit paquet cadeau dans l'autre main. Sa femme, ravie, commence à imaginer le contenu du cadeau. Elle le déballe fébrilement, et à l'intérieur, elle découvre... un livre intitulé . « L'Interprétation des rêves » !

Un vendeur d'aspirateurs débarque chez une vieille dame qui habite une maison isolée au bout du village. Sans lui laisser placer un mot il lui dit :

– Madame, je vais vous faire une démonstration de la merveille des merveilles, le nouvel aspirateur « Cyclone », celui qui aspire tout en quelques secondes ! Où est votre poubelle ? Dans la cuisine ? Je m'en doutais ! Permettez-moi de la prendre...

Il l'emporte dans le salon et vide tout le contenu par terre.

– Ne vous inquiétez pas ! Car à présent, avec l'aspirateur « Cyclone », je vais faire disparaître totalement, jusqu'à la dernière parcelle, toutes ces ordures ! Je m'engage, chère madame, à manger devant vous tout ce qui resterait au sol !

– Attendez, monsieur, dit la vieille dame. Je vais vous chercher du sel et du poivre, parce que je n'ai pas l'électricité.

"A HATE THAT GIVES TO CHILDREN, CRAZY EVERYONE IN THE AIR"

***

"LA HAINE QU'ON DONNE AUX ENFANTS, FOU TOUT LE MONDE EN L'AIR"

***

Ce que la société nous donne quand on est petits, revient nous empoisonné plus tard, quand on devient des adultes en colère.

On court, on stresse, on s'énerve, on panique, on jure, on flippe ... Pour des banalités parfois . Et souvent on oublie que au dessus des cieux, il y a un créateur qui gère notre vie et qu'on fait juste suivre notre destin.

Je suis au boulot, il est 8h00 . Je suis entrain de boire un café avant que nos passagers débarquent et commencent déjà à nous prendre la tête lol

hier soir, je devais préparé des documents pour aujourd'hui, et c'est très important . Mais au fait, j'ai eu tellement de complications, que je n'ai rien pu imprimé . Et de plus, je n'ai Pas reçu ce que j'attendais et y a eu un problème avec ma fiche de paie. Bref. .. En gros et pour faire simple *C'EST LA MERDE INTERNATIONALE.*

Du coup,vous comprenez bien que dans ce genre de situation, tu pète tellement les plombs que tu deviens cons . (N'est ce pas) .. mohim ! .. J'ai passé une mauvaise nuit .

Mais maintenant que je suis plus calme et que je suis déjà sur place avec zéro préparation et sans documents pour mon boulot, je me dis que subhan allah (l'être humain est trop faible) et on oublie surtout. .. On oublie beaucoup même. .. On oublie que notre vie est gérée par le seigneur des mondes .

Mais on dirait (pardon ! C'est une certitude même) qu'on a du mal à faire confiance au bon dieu. Genre comme si tout doit être fait et prêt et fonctionnel quand on veut . Mais non ... OH que non justement. Si cette chose n'est pas écrite, elle n'arrivera pas.

En vérité, on a le pouvoir sur rien . On gère rien, et ça ne servira à rien donc le faite de se mettre dans tout ses états pour les imprévus de la vie quotidienne.

Parfois tu as l'impression que tout va s'écrouler devant

toi. Et que c'est tout noir. Et que c'est la fin . Et que plus rien ne va dans ta vie et que tu vas même mourir et tout . Mais ..mais. .. mais c'est parce que on ne fait pas confiance à notre seigneur et qu'on oublie encore une fois, que faire les causes c'est bien, mais ce n'est pas nous qui décidons . Et ce qui doit arriver arrivera.

Y a sûrement un bien derrière chaque galère (je me trompe ?) ... dieu sait et nous, on sait pas.

Elle est assise, entrain de lire un livre. Il approche très hésitant.

Lui – Euh… Excusez-moi de vous importuner, mais…

Elle – Oui ?

Lui – Je… me demandais si… vous accepteriez de… me donner l'heure, s'il vous plaît.

Elle – Désolée, mais ma montre s'est arrêtée.

Lui – Ah…

Elle – La pile, sans doute.

Lui – C'est ennuyeux…

Elle – Oui.

Lui – Bon, alors je ne vais pas vous déranger plus longtemps.

Elle – Mmm…

Il s'apprête à s'en aller, mais se ravise.

Lui – Vous pourriez peut-être quand même me dire quelle heure il était quand votre montre s'est arrêtée ?

Elle – Euh, oui, pourquoi pas…

Lui – Ça me donnerait déjà une idée…

Elle – Une idée ?

Lui – Une idée… de l'heure qu'il est maintenant.

Elle – Ah, oui…

Lui – Par exemple, je ne sais pas moi… Si votre montre s'est arrêtée à trois heures vingt-huit, je saurais déjà qu'il est plus de trois heures vingt-huit…

Elle (vérifiant) – Ma montre s'est arrêtée à trois heure et demie…

Lui – Merci infiniment, ça me donne déjà une indication… Je sais maintenant avec certitude qu'il est plus de trois heures trente…

Elle – Oui…

Lui – Encore une fois, pardon de vous avoir dérangée…

Elle – Pas de quoi.

Il s'apprête à repartir, mais se ravise à nouveau.

Lui – Vous êtes sûre que votre montre est bien arrêtée, au moins…

Elle – Ah, oui, quand même…

Lui – Excusez-moi, mais… Comment pouvez-vous en être absolument certaine ?

Elle – Je ne sais pas, je…

Lui – Parfois, il arrive qu'on ait l'impression que le temps ne passe pas très vite… Ou même pas du tout… Momentanément, en tout cas…

Elle – C'est vrai, mais…

Lui – Quand on s'ennuie, par exemple…

Elle – Euh, oui…

Lui – On regarde sa montre, on a l'impression qu'elle est arrêtée, alors qu'en fait…

Elle – Mmm…

Lui – Vous… vous êtes beaucoup ennuyée en attendant ?

Elle – En attendant quoi ?

Lui – Je ne sais pas, je… Je ne me permettrais pas de vous demander ce que vous attendez… ou qui.

Elle – Pas spécialement… J'ai mon bouquin…

Lui – Alors je suis désolé pour vous mais dans ce cas, je crains fort que votre montre soit vraiment en panne...

Elle – Oui... Ça fait une bonne demi-heure qu'elle indique trois heures et demie... Je crois qu'il n'y a pas aucun doute là dessus...

Lui – Attendez... Une demi-heure, vous dites ?

Elle – À peu près, oui...

Lui – Comment le savez-vous ?

Elle – Eh bien... J'ai eu le temps de lire trois chapitres de mon bouquin...

Lui – Dans ce cas, si votre montre s'est arrêtée sur trois heures trente, il y a de cela une demi-heure, ça veut dire qu'il est à peu près quatre heures maintenant.

Elle – Oui, pas loin, sans doute...

Elle – Et vous savez d'expérience que ça vous prend exactement dix minutes pour lire un chapitre ?

Elle – Pas exactement... Ça dépend de la longueur des chapitres...

Lui – Ah... Et vu l'épaisseur de votre livre, je suppose que ceux-ci doivent être sensiblement plus longs que la moyenne...

Elle – Oui, peut-être...

Lui – Mmm... Donc il pourrait très bien être un peu plus de quatre heures.

Elle – Ah, ça certainement pas !

Lui – Non ? Qu'est ce qui vous permet d'affirmer cela ?

Elle – Eh bien... J'ai rendez-vous avec quelqu'un, en effet...

Lui – Ah...

Elle – À quatre heures précise, justement...

Lui – Je vois... Mais... votre rendez-vous pourrait être en retard.

Elle – Ah, je ne crois pas, non.

Lui – Et pourquoi cela ?

Elle – C'est un premier rendez-vous... Un homme n'arrive jamais en retard à un premier rendez-vous, n'est-ce pas ? En général...

Lui – En général, une femme n'arrive pas en avance non plus à un rendez-vous. Surtout le premier...

Elle – Ah, oui ? Et pourquoi cela ?

Lui – Pour ne pas avoir l'air complètement désespérée, j'imagine...

Elle – Oui, bien sûr...

Lui – Or, vous m'avez dit que vous étiez là depuis une bonne demi-heure, n'est-ce pas ?

Elle – Oui...

Lui – Vous voyez bien qu'en l'occurrence, on ne peut pas se fier aux généralités...

Elle – C'est vrai... Et pourquoi est-ce que vous avez tant besoin, vous même, de savoir l'heure qu'il est ?

Lui – J'ai rendez-vous à quatre heures, moi aussi. Et comme je suis quelqu'un de très ponctuel...

Elle – Quand on est très ponctuel, il vaut mieux avoir une montre, non ?

Lui – Ah, mais j'en ai une !

Elle – Et elle est en panne, elle aussi...

Lui – Non ! Enfin je ne crois pas...

Elle – Alors pourquoi me demandiez-vous l'heure ?

Lui – Mais... pour vérifier que ma montre n'était pas arrêtée, justement. Comme la vôtre.

Elle – Alors vous allez pouvoir me dire quelle heure il est.

Lui – Mais parfaitement... Il est exactement quatre heures zéro six... Vous pouvez me faire confiance, c'est une montre suisse...

Elle – Merci...

Lui – Je l'ai depuis des années... C'est mon parrain qui me l'avait offerte pour ma première communion... Il est mort depuis d'un arrêt du cœur, mais la montre elle... Jamais une seule panne depuis que je l'ai !

Elle – Et quand les piles sont à plat ?

Lui – Il n'y a PAS de pile ! Je la remonte tous les soirs à vingt heures précises !

Elle – Bon, eh bien... Merci de m'avoir donné l'heure...

Elle se lève.

Lui – Vous partez déjà ?

Elle – Quatre heures zéro six, vous dites. Je ne voudrais pas avoir l'air de l'attendre. Nous avions rendez-vous à quatre heures...

Lui – Je comprends... Alors au revoir... Et... excusez-moi encore de vous avoir dérangée...

Elle s'en va. Il reste seul.

Lui – Je vais l'attendre encore cinq minutes... Disons... jusqu'à quatre heures onze... Mais moi non plus, je n'aime pas beaucoup les femmes qui sont en retard... Surtout pour un premier rendez-vous...

*Boire un soir
la poire noire
et croire
devoir reboire
pour croire
pouvoir
s'asseoir*

La café, Ah le café ! ...j'en bois tellement, que je me vois dans l'obligation d'écrire ou bien de lui faire un petit clin d'œil amical (bien sur) !!

Si le café était une femme, je lui dirais sûrement et sans hésitation que chaque matin j'ai envie de l'avoué à quel point j'ai besoin d'elle, de sa chaleur, de son odeur et que je l'a désire plus que tout .

En parlant de femmes, on dit que les femmes, c'est un peu comme le café justement, au début ça excite et après ça énerve. LOL

Et pour l'anecdote, une fois j'ai tellement bu de café, que j'ai passé une nuit blanche et que je me suis endormi que le lendemain vers 15h dans une salle d'attente à la CAF (mon ticket c'était le 18, quand j'ai ouvert les yeux, le num affiché sur l'écran indiqué 88) .

Enfin ! quand je bosse pas, ça m'arrive souvent de me réveiller en faisant la gueule, je fais donc un café au plus vite, je bois mon café et hop .. Je refais la gueule . Je regarde par la fenêtre et le premier que je vois dehors, je lui dis : nchallah tu meurs . Loool

>>>> ARRÊTE DE ME JUGER ... TU VEUX. .. JE SUIS GENTIL. .. <<<

Quelqu'un aurait un code promo pour la déclaration de revenus ? Merci d'avance

Elle et lui, côte à côte, amoureusement.

Elle – On est bien, comme ça, non ?

Lui – Oui...

Elle – Tu m'aimes ?

Lui – Oui.

Elle – Tu m'aimeras toujours ?

Lui – Toujours ?

Elle – Je ne sais pas, moi... Est-ce que tu m'aimeras pendant 50 ans ?

Lui (incertain) – 50 ans...?

Elle – 40...? (Il a l'air perplexe) 20...? 10...?

Il a toujours l'air hésitant.

Elle – Est-ce que tu m'aimeras pendant un an ?

Lui – Un an ? (Convaincu) Ah, oui ! Et toi ?

Elle (sceptique) – Un an ?

Lui – Six mois ? (Elle a l'air méfiante) Quinze jours ? Une semaine ?

Elle a toujours l'air dubitative.

Lui – Est-ce que tu m'aimeras jusqu'à demain ?

Elle – Demain matin ? À quelle heure ?

Lui – Je ne sais pas, moi. Disons 9 heures ?

Elle sourit en signe d'acquiescement. Ils s'embrassent.

Elle – Je mets le réveil ?

*Sa façon de m'interdire De parler, de tout lui dire,
Ça me tue !*

*Elle me glace d'émotion, Barbie ou poupée de salon,
Elle me tue*

*Sa démarche, son chiantisme, sa lenteur, son
maquillage, et ses chaussures ...Ça me tue !*

*Elle me fait des courants d'air, Par-dessus le pull-
overs*

*Elle me tue ... Elle me tue,
J'suis perdant, j'suis perdu ! mais je l'aime ..
Mais je l'aime quand même .*

*Je n'suis qu'un oiseau pour le chat
Une proie, Elle me tue, mais je l'aime
Mais je l'aime tellement .*

*Elle peut bien faire n'importe quoi
Elle est tout, tout pour moi*

*Elle me veut dans son sillage
Comme un chien, comme un otage, Elle me tue !*

*Elle se met sur les paupières, Tous les sables du
désert,
On dirait qu'elle a vaincu L'emprise du temps perdu*

*Elle me tue .. Elle me tue, mais je l'aime ..
Mais je l'aime quand même .*

*Elle me tue, Mais je l'aime . Que veux tu ? ..
C'est mon problème.*

Je suis extraordinairement exaspéré, vous cherchez à vous excuser, malgré vos explications exposées, vous êtes sans excuses

* Quelle est la capacité maximale de l'estomac ?
1600 cm3

* Quelle est la durée de vie d'un cheveu ?
De 2 à 7 ans

* Quelle est la capacité maximale moyenne de notre vessie ?
1 demi-litre d'urine environ

* Combien de fois cligne-t-on des yeux en une journée ?
Environ 20 fois par minute et 29000 fois par jour

* Combien de poils y a t-il sur notre corps ?
En moyenne : 5 Millions!

* Combien avons-nous de Neurones dans le cerveau ?
14 milliards

* Quelle partie du corps grandit le plus vite ?
Le crane

* Quelle est la capacité maximale des poumons ?
176 litres d'air par minute

* À quelle vitesse circule notre sang ?
À 2 km/h

* Quel est l'organe le plus lourd du corps humain ?
C'est la Peau ! Elle pèse entre 3 et 4 kg

* Existe-t-il d'autres villes nommées PARIS ?
Oui ! En tout, il y a 32 villes qui s'appellent paris dans le monde, dont 22 rien qu'aux états-unis

ROSE M. BECKER • ◆Extrait◆

— Bonjour ! claironné-je en entrant dans le magasin. Au-dessus de ma tête, un petit carillon retentit tandis que la porte en verre se referme derrière moi. Aucune réponse. Apparemment, il n'y a personne. je m'avance entre les étagères garnies de petites fioles en cristal, d'étuis à cigares anciens et de poupées en porcelaine. J'en profite pour enlever quelques couches : mon écharpe, mon bonnet... et j'abaisse le zip de ma parka. Histoire de respirer un peu dans mon airbag.

— Où est-il ? fais-je à mi-voix. Deux mois plus tôt, j'ai repéré le cadeau idéal pour Serena Cooper, la vieille dame avec laquelle je suis devenue amie au cours de mes nombreuses visites en tant qu'aide-soignante. Malgré nos cinquante ans d'écart, nous avons tissé des liens profonds. C'est la femme la plus intègre, la plus intelligente et la plus bienveillante de ma connaissance. Je la considère parfois comme une grand- mère. Or, je voudrais la remercier. De sa gentillesse. De son attention. De nos fous rires. Et de son invitation à sa grande fête de l'hiver, donnée chaque année.

Je me faufile derrière une grande vitrine format Dwayne Johnson. Quand soudain, j'aperçois le superbe coffret à bijoux que je souhaite acheter. (Dans les mains d'un homme) Pilant comme si je venais de prendre une porte en plein visage, je reste interdite à l'autre bout de l'allée. Qui est cette bombe ? 1,85 mètre de cheveux châtains coupés court, de barbe de trois jours un peu piquante, de lèvres charnues et des yeux vert-noisette à tomber par terre. Sa carrure athlétique, ses larges épaules cachées sous un manteau en cachemire noir, me barrent entièrement la route. Mon cœur manque un battement. Ou deux. Ou trois. Dans le jargon médical, on appelle ça une crise cardiaque. Je n'ai jamais vu un type aussi canon. Il est si impressionnant que j'en avale ma salive de travers. Je me sens soudain très gauche, incapable d'avancer. Zut ! Je ne vais pas jouer les mijaurées ! J'hésite pourtant à l'aborder tandis qu'il examine mon coffret sous toutes les coutures. Un instant, je ne peux m'empêcher d'admirer ses grandes mains, fines mais puissantes. Elles caressent le bois avec une douceur et une attention qui me rendent... toute chose. C'est presque sensuel. (Bon Dieu ! Je dois vraiment me trouver un petit copain !) De profil, lui n'a toujours pas remarqué ma présence, complètement absorbé par son examen. Tiens, je ne sais pas si je dois me vexer... J'en profite pour repérer la petite cicatrice qui barre son menton. Souvenir d'une bagarre ou d'un accident ? Je l'imagine bien en train de braver les dangers dans la jungle comme Indiana Jones. Avec un fouet, peut-être. (Un seau d'eau froide, par ici !)

Reprenant mes esprits, je m'approche en toussotant. Sauf que mon bel inconnu ne se retourne pas. Je suis invisible ou quoi ? Me plantant derrière lui, je me racle à nouveau la gorge et mon demi-dieu pivote enfin dans ma direction, tiré de sa profonde réflexion. Le coffret à bijoux entre les doigts, il baisse les yeux sur moi, plus petite d'une bonne vingtaine de centimètres. Des yeux comme je n'en ai jamais vus. Profonds et mélancoliques. D'une beauté à couper le souffle. Sauvages, aussi. À peine m'a-t-il entraperçue qu'une lueur méfiante danse dans ses pupilles, assombrissant son regard. Comme s'il se mettait en garde. – Vous disiez ? Il a une voix chaude, grave, bien timbrée, à vous donner des frissons partout... sauf que les mots claquent sèchement, comme une cravache.

– Excusez-moi de vous déranger mais... Moi, par contre, je ne brille pas par mon élocution. Je me force à

redresser les épaules, bien décidée à ne pas me laisser impressionner par cet étranger. – ... c'est le coffret que je voulais acheter pour une amie.
L'homme hausse les sourcils. Et sans me répondre, il se met à détailler ostensiblement le magnifique objet, passant en revue le couvercle ouvragé, les côtés incrustés de pierres semi- précieuses et le dos ciselé. Puis il relève la tête :
– Comment vous appelez-vous ? – Euh... Je ne vois pas le rapport.
– Mary Elligson.
– Eh bien, c'est bizarre, Mary Elligson... parce que je ne vois votre nom écrit nulle part.
J'en ai le souffle coupé.
– En fait, j'ai prévu d'offrir ce coffret depuis plusieurs semaines...
– Alors pourquoi ne pas l'avoir acheté ? À présent, c'est moi qui vais le faire.

(Le sale type !) Et sur ces mots, il me plante au beau milieu de l'allée, près de la vitrine « The Rock ». Mon cœur tambourine. D'accord. Monsieur Petite-Cicatrice-au-menton le prend sur ce ton. À peine s'est-il éloigné de quelques pas que je me lance à sa poursuite. Je ne suis pas le genre de fille à me décourager facilement. Ce coffret, je l'aurai ! Il correspond exactement aux goûts de Serena et je refuse qu'il me file sous le nez, pas après avoir sué sang et eau pendant deux mois pour réunir la somme.
– Attendez ! Déjà, mon inconnu gagne la caisse, posée sur un comptoir en verre où sont exposés une myriade de bijoux anciens hors de prix. Mme Miller sort au même moment de sa réserve. Sourde comme un pot, elle a sans doute été attirée par mes éclats de voix. Je tapote sur l'épaule de l'homme... qui se retourne encore. Il pince ses lèvres sensuelles, l'air franchement agacé. Mais pas

seulement. Je dirais aussi qu'il semble... suspicieux. Comme s'il se méfiait de moi.

— Je croyais le problème réglé.
— Écoutez, fais-je avec mon plus beau sourire. J'aimerais vraiment acquérir cet objet. C'est très important pour moi.
— Pour moi aussi. Je tente de lui faire du charme en papillonnant de mes longs cils noirs. Sauf qu'il ne tique même pas face à mes grands yeux verts. Là, je me sens vexée. Carrément. Cela dit, cette technique n'a jamais fonctionné avec personne... Le visage fermé, il me contemple comme s'il attendait la suite et ne comprenait pas où je voulais en venir. (OK. Pour le côté femme fatale, on repassera)
— J'ai économisé longtemps pour l'acheter... Je tente de l'amadouer en penchant la tête sur le côté comme un cocker battu.
— Dites-le-lui, madame Miller ! Prise à témoin, la vieille dame sursaute avant de hocher la tête. Je sais qu'elle m'aime beaucoup. Surtout, elle connaît mon attachement à ce bel objet. Toutes les semaines, je passe vérifier qu'il se trouve bien en exposition. Car Mme Miller, dont les affaires périclitent en ces temps hivernaux, ne pouvait guère se permettre de le réserver à mon nom sans que je verse un acompte. Elle se mord les lèvres, embarrassée... jusqu'à ce que l'inconnu lui décoche un sourire. Là, elle fond comme neige au soleil, les joues rouges. Je rêve ou Mme Miller, 85 ans, sourde et presbyte, est sous le charme ?

— Pouvez-vous me faire un paquet cadeau, s'il vous plaît ?
— Avec plaisir, monsieur.
La traîtresse. Très bien. La politesse ne marche pas. La persuasion non plus. Le charme, encore moins (no comment...) ! Ne reste que la supplique.

– Je me permets d'insister…
– Je vois ça ! s'exclame Monsieur Cicatrice-sexy avec un petit claquement de langue agacé.
– Je vous en prie, faites un geste. Je suis certaine que vous pourrez trouver une foule d'autres cadeaux géniaux dans cette boutique. Regardez ces bracelets en argent ! fais-je, en les pointant du doigt à travers la vitrine. Ou ce ravissant médaillon qui s'ouvre ! Il m'enveloppe d'un long regard des pieds à la tête, l'air indéchiffrable.
– Eh bien achetez-les, s'ils vous plaisent tant. (Le bide. Le méga four)
– S'il vous plaît ! fais-je en serrant les mains et en renonçant à toute dignité. C'est très important. Noël est dans moins de quinze jours… vous ne pouvez pas faire un petit geste ?
Un peu inquiète, Mme Miller emballe le coffret en nous contemplant tour à tour. Le cœur de cette femme que je connais depuis l'enfance semble balancer entre nous deux. On dirait presque qu'elle assiste à un match de tennis, attendant le dénouement avec impatience. Pour une fois qu'il se passe quelque chose dans sa boutique… L'inconnu fronce les sourcils, comme s'il réfléchissait intensément. Puis :
– Non. Et il paie son achat sous mes yeux ronds de poisson rouge. Celle-là, je ne m'y attendais pas. Cachant un sourire en coin, il s'empare finalement de son cadeau et sort de la boutique après nous avoir saluées toutes les deux d'un petit signe de tête. Mme Miller a le culot de soupirer au moment où il quitte son magasin. Je lui jette un regard furibard. Adieu, mon joli cadeau ! Je pense à tous ces mois de travail qui n'ont servi à rien à cause de cet homme.

Outrée, je quitte finalement la boutique bredouille. Et en rogne, je claque la portière de ma voiture avec force, histoire de marquer le coup et d'avertir la moitié de la population de West Yellowstone. Puis je démarre en maugréant dans ma barbe. Voleur ! Sale voleur ! ... Mon cœur tambourine dans ma poitrine. Je n'arrive pas à me calmer. Non seulement Monsieur Cicatrice-au-menton m'a piqué le cadeau de mes rêves... mais en plus, il a le culot, l'audace, le toupet d'être canon ! (Soupir) Tout en roulant sur les routes sauvages du Montana, je le maudis copieusement. Avec sa luxueuse veste en lainage et son portefeuille Vuitton, je suis certaine qu'il aurait pu s'acheter la moitié du magasin d'antiquités. Mais non ! Il a fallu qu'il jette son dévolu sur ce malheureux coffret.

J'expire par la bouche en serrant un peu trop mon volant. Puis j'attrape ma bombe désodorisante pour assainir l'air et éloigner toutes les ondes négatives. Je ne vais pas me laisser polluer par cet apollon ! Non, non, non ! Je vais po-si-ti-ver ! À mi-voix, je répète mes mantras favoris. – Si la vie te donne des citrons, fais de la limonade ! Tout va bien. Tout va très bien. Ce n'est pas si grave. Ce n'était qu'un coffret – un magnifique coffret, unique et irremplaçable ! ... et puis Merde §§

MAIS ... MON DIEU ... MON DIEU CE QU'IL ÉTAIT CANON CETTE ENFLURE !!!!!

Le corbeau sur un arbre perché, ne foutait rien de la journée (un peu comme toi en ce moment. .lol)

Le lapin voyant le corbeau, l'interpella et lui dit aussitôt :
- Moi aussi comme toi, je veux m'asseoir et ne rien faire du matin au soir.

Le corbeau lui répond de sa branche :
-Bien sûr, ami à la queue blanche, dans l'herbe verte tu peux te coucher et ainsi de la vie profiter.

Blanc lapin s'assit alors par terre et sous l'arbre resta à ne rien faire.
Tant et si bien qu'un renard affamé, voyant ainsi le lapin somnoler, s'approcha du mignon rongeur en silence, et d'une bouchée en fit sa pitance.

MORALITÉ : pour rester assis à ne rien branler, mieux vaut être très haut placé !!!